**AF194986**

Impressum
Verlag: BABADADA GmbH, Nedderfeld 112 , 22529 Hamburg
Geschäftsführer / Verlagsleitung: Harald Hof
Druck: Books on Demand GmbH, In de Tarpen 42, 22848 Norderstedt

Imprint
Publisher: BABADADA GmbH, Nedderfeld 112 , 22529 Hamburg, Germany
Managing Director / Publishing direction: Harald Hof
Print: Books on Demand GmbH, In de Tarpen 42, 22848 Norderstedt, Germany

مكتب

# škola

صنف درسی
učiona

تقسیم کردن
deliti

186/2

تخته
ploča

حیاط مکتب
školsko dvorište

معلم
nastavnik

کاغذ
papir

نوشتن
pisati

خودکار
hemijska olovka

میز کار
pisaći stol

خط کش
lenjir

کتاب
knjiga

شاگرد
učenik

بیگ مکتب
torba

قلم دانی
pernica

پنسل
grafitna olovka

پنسل تراش
šiljilo za olovke

پنسل پاک
gumica za brisanje

کتابچه رسم
blok za crtanje

نقاشی

crtež

برس رنگ زنی

kist

بکسک رنگه

kutija sa bojama

قیچی

makaze

سریش

lepilo

کتاب تمرین

beležnica

کار خانگی

domaći zadatak

**12**

عدد

broj

**2+2**

جمع کردن

sabirati

**5-2**

تفریق کردن

oduzimati

**2×2**

ضرب کردن

množiti

حساب کردن

računati

**A**

حرف

slovo

**ABCDEFG HIJKLMN OPQRSTU VWXYZ**

الفبا

abeceda

**hello**

کلمه

reč

متن

tekst

خواندن

čitati

تباشیر

kreda

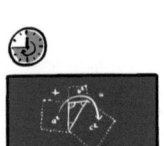

درس

čas

ثبت نام

dnevnik

امتحان

ispit

تصدیقنامه

svedočanstvo

یونیفورم مکتب

školska uniforma

تحصیل

obrazovanje

دانشنامه

leksikon

پوهنتون

univerzitet

مایکروسکوپ

mikroskop

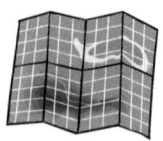

نقشه

karta

سبد کاغذ باطله

košara za papir

# سفر

# putovanje

هوتل
hotel
لیلیه
prenoćište
دفتر صرافی
menjačnica
بیگ سفری
kofer
موتر
auto

زبان

jezik

بلی / نخیر

da / ne

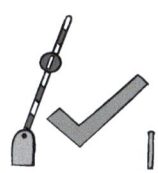

بسیار خوب

okej

سلام

zdravo

مترجم

prevodilac

تشکر از شما

hvala

قیمتش چقدر است؟

Koliko košta...?

نمی فهمم

ne razumem

مشکل

problem

عصر بخیر! / شب بخیر!

dobro veče!

صبح بخیر!

Dobro jutro!

شب بخیر!

Laku noć!

خداحافظ

doviđenja

مسیر

smer

بار مسافر

prtljaga

بیگ

torba

بیگ پشتکی

ruksak

مهمان

gost

اطاق

soba

بستره خواب سیار

vreća za spavanje

خیمه

šator

معلومات توریستی

turističke informacije

ساحل

plaža

کریدیت کارت

kreditna kartica

صبحانه

doručak

طعام چاشت

ručak

غذای شام

večera

تکت

karta za vožnju

لفت

lift

مهر

poštanska markica

مرز

granica

گمرک

carina

سفارتخانه

ambasada

ویزه

viza

پاسپورت

pasoš

# حمل و نقل
# transport

طیاره
avion
کشتی
brod
موتر اطفاییه
vatrogasno vozilo
بس
autobus
لاری
teretno vozilo
قایق موتوری
motorni čamac
بایسکل
bicikl
موتر
auto

کشتی

trajekt

قایق

čamac

موترسایکل

motocikl

موتر پولیس

policijski auto

موتر مسابقه

trkaći auto

موتر کرایی

iznajmljeno auto

اشتراک وسایط

delenje automobila

جرثقیل

vučno vozilo

موتر حمل زباله

vozilo za odvoz smeća

موتور

motor

تیل

benzin

تانک تیل

benzinska stanica

علامت ترافیکی

saobraćajni znak

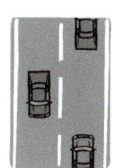

عبور و مرور

saobraćaj

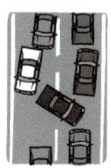

راهبندان

zastoj

پارک وسایط

parkiralište

ایستگاه ریل

železnička stanica

خط ریل

šine

ریل

voz

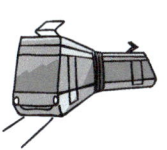

ریل برقی

tramvaj

واگن

vagon

هلیکوپتر

helikopter

میدان هوایی

aerodrom

برج

kula

مسافر

putnik

کانتینر

kontejner

کارتن

karton

گادی

kolica

سبد

korpa

پرواز کردن / فرود آمدن

uzleteti / sleteti

## شهر

# grad

قریه

selo

تیاتر شهر

centar grada

خانه

kuća

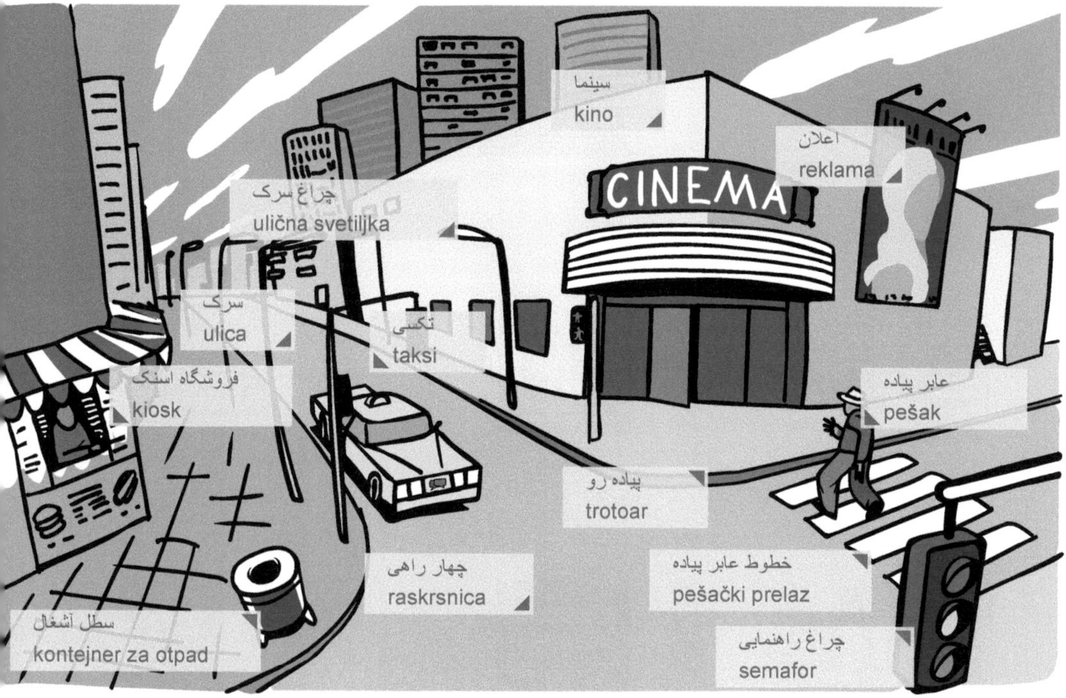

سینما
kino

اعلان
reklama

چراغ سرک
ulična svetiljka

CINEMA

سرک
ulica

تکسی
taksi

فروشگاه اسنک
kiosk

عابر پیاده
pešak

پیاده رو
trotoar

چهار راهی
raskrsnica

خطوط عابر پیاده
pešački prelaz

سطل آشغال
kontejner za otpad

چراغ راهنمایی
semafor

کلبه
koliba

آپارتمان
stan

ایستگاه ریل
železnička stanica

تالار شهر
većnica

موزیم
muzej

مکتب
škola

پوهنتون

univerzitet

بانک

banka

شفاخانه

bolnica

هوتل

hotel

دواخانه

apoteka

دفتر

kancelarija

کتابفروشی

knjižara

مغازه

prodavnica

گل فروشی

cvećara

سوپر مارکیت

supermarket

فروشگاه

trg

فروشگاه

robna kuća

ماهی فروشی

ribarnica

مرکز خرید

trgovački centar

بندر

luka

پارک

park

دراز چوکی

klupa

پل

most

زینه ها

stepenice

مترو

podzemna železnica

تونل

tunel

ایستگاه بس

autobuska stanica

میخانه

bar

رستورانت

restoran

صندوق پست

poštansko sanduče

علامت سرک

ulični znak

ماشین پارکو متر

parkirni automat

باغ وحش

zoološki vrt

حوض آببازی

bazen

مسجد

džamija

مزرعه

seosko gazdinstvo

آلوده گی

zagađenje okoline

قبرستان

groblje

کلیسا

crkva

میدان بازی

igralište

معبد

hram

# چشم انداز

# pejsaž

برگ
list
لوحه
putokaz
راه
put
علفزار
livada
سنگ
kamen
کوهنورد
šetač
درخت
drvo
دریا
reka
علف
trava
گل
cvijet

دره

dolina

تپه

planina

دریاچه

jezero

جنگل

šuma

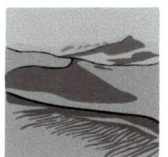

صحرا

pustinja

آتشفشان

vulkan

قلعه

dvorac

رنگین کمان

duga

سمارق

gljiva

درخت آلو

palma

پشه

moskito

مگس

muva

مورچه

mrav

زنبور

pčela

عنکبوت

pauk

قانغوزک

buba

بقه

žaba

موش خرما

veverica

خارپشت

jež

خرگوش صحرایی

zec

بوم

sova

پرنده

ptica

مرغابی

labud

خوک وحشی

divlja svinja

گوزن

jelen

گوزن شمالی

los

بند آب

nasip

توربین بادی

vetrenjača

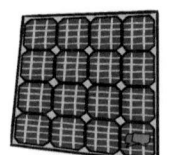

صفحه خورشیدی

solarna ploča

آب و هوا

klima

# رستورانت

# restoran

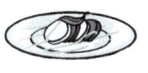

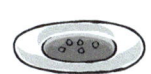

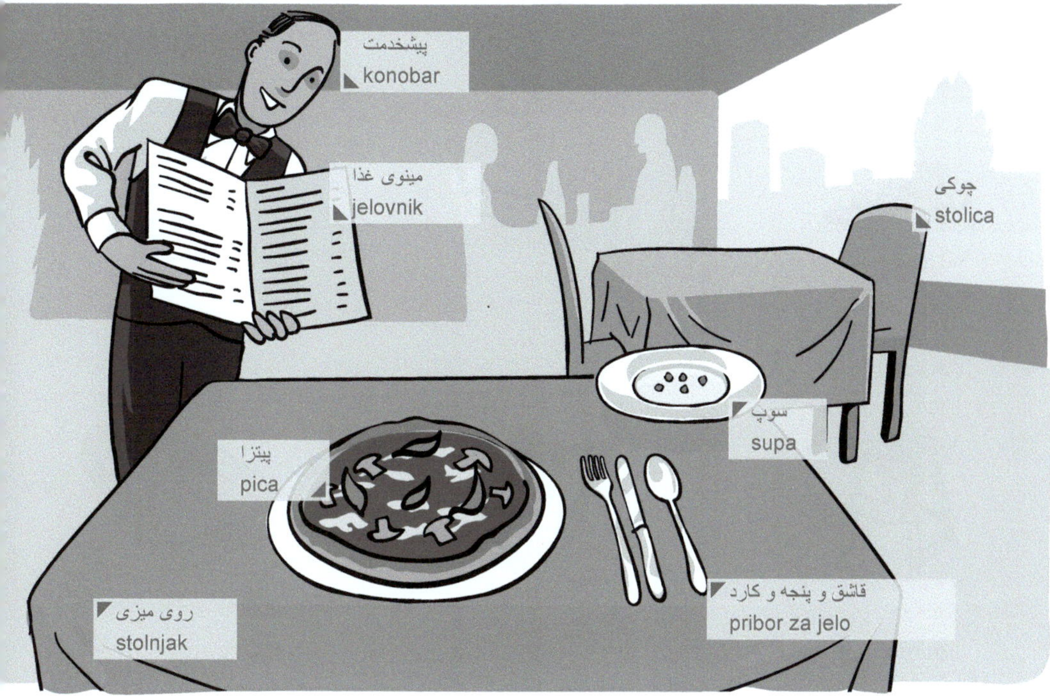
پیشخدمت
konobar
مینوی غذا
jelovnik
چوکی
stolica
سوپ
supa
پیتزا
pica
قاشق و پنجه و کارد
pribor za jelo
روی میزی
stolnjak

پیش غذا
..................
predjelo

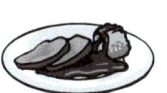

غذای اصلی
..................
glavno jelo

شرینی
..................
desert

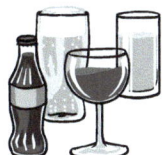

نوشیدنی ها
..................
napitci

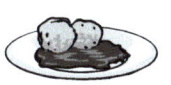

غذا
..................
jelo

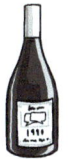

بوتل
..................
flaša

فاست فود

brza hrana

غذای کنار سرک

imbis hrana

چاینک/ترموز

čajnik

قندانی

doza za šećer

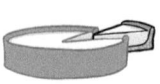

بخش غذا

porcija

دستگاه اسپرسو

aparat za espresso

چوکی بلند

visoka stolica

بل

račun

پطنوس

poslužavnik

چاقو

nož

پنجه

viljuška

قاشق

kašika

قاشق چای خوری

čajna kašika

دستپاک دسترخوان یا میز

salveta

گیلاس

čaša

رستورانت - restoran

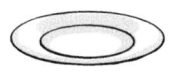

بشقاب

tanjir

بشقاب سوپ

tanjir za supu

نعلبکی

tanjirić

چتنی

sos

نمکدان

soljenka

آسیاب مرچ

mlin za biber

سرکه

sirće

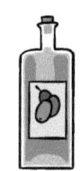

روغن خوراکی

ulje

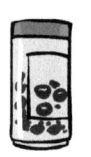

ادویه

začini

کچاپ

kečap

ساس خردل

senf

مایونز

majoneza

# سوپر مارکیت

# supermarket

پیشنهاد خاص
ponuda
مشتری
kupac
لبنیات
mlečni proizvodi
میوه
voće
چرخ دستی
kolica za kupovinu

قصابی

mesnica

نانوایی

pekara

وزن کردن

vagati

سبزیجات

povrće

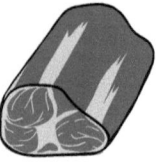

گوشت

meso

غذای منجمد

smrznuta hrana

غذای سرد

narezak

غذای كنسر شده

konzerve

پودر رختشویی

sredstvo za pranje

شیرینی

slatkiši

لوازم خانگی

artikli za domaćinstvo

محصولات پاک کننده

sredstva za čišćenje

فروشنده

prodavačica

دخل پیسه

blagajna

صندوقدار

blagajnik

لست خرید

lista za kupovinu

ساعات کاری

vreme rada

بکسک جیبی

novčanik

کریدیت کارت

kreditna kartica

بیگ

torba

بیگ پلاستیکی

plastična kesa

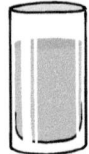

# نوشیدنی ها
# napitci

آب

voda

جوس

sok

شیر

mleko

نوشابه

kola

شراب

vino

بیر

pivo

الکول

alkohol

ککو

kakao

چای

čaj

قهوه

kava

اسپرسو

espresso

کاپوچینو

cappuccino

# jelo

كيله

banana

سيب

jabuka

مالته

narandža

تربوز

lubenica

ليمو

limun

زردگ

šargarepa

سير

beli luk

چوب خیزران

bambus

پياز

luk

سمارق

gljiva

مغزيات

orašasti plodovi

آش

rezanci

مكرونى
.................
špagete

برنج
.................
riža

سلاد
.................
salata

چيپس
.................
pomfrit

كچالو سرخ كرده
.................
pečeni krumpir

پيتزا
.................
pica

همبرگر
.................
hamburger

ساندويچ
.................
sendvič

كتلت
.................
šnicla

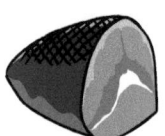

همبرگر
.................
šunka

سالامى
.................
salama

ساسچ
.................
kobasica

مرغ
.................
kokoš

كباب
.................
pečenje

ماهى
.................
riba

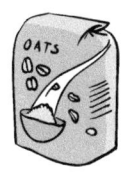

فرنی جو
.................
zobene pahuljice

صبحانه رژیمی
.................
musli

کورن فلکس
.................
kukuruzne pahuljice

آرد
.................
brašno

کروسانت
.................
kroasan

قرص نان
.................
pecivo

نان خشک
.................
hleb

توست / نان بریان
.................
toast

بیسکیت
.................
keksi

مسکه
.................
maslac

چکه
.................
sveži sir

کیک
.................
kolač

تخم مرغ
.................
jaje

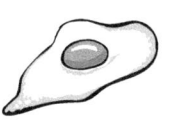

تخم مرغ سرخ شده
.................
jaje na oko

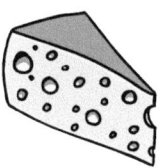

پنیر
.................
sir

آیسکریم

sladoled

شکر

šećer

عسل

med

مربا

marmelada

مسکه چاکلیت

nugat krema

زردچوبه هندی

kari

# مزرعه

# seosko gazdinstvo

seoska kuća
گودام غله
ambar
خرمن گاه
bale sena
زمین زراعتی
polje
اسب
konj
تریلر
prikolica
تراکتور
traktor
کره اسب
ždrebe
خر
magarac
گوسفند
ovca
بره
lane

بز

koza

گاو

krava

گوساله

tele

خوک

svinja

خوکچه

prase

گاو نر

bik

قاز

guska

مرغابی

patka

چوچه مرغ

pilići

مرغ

kokoš

خروس

petao

موش صحرایی

pacov

پیشک

mačka

موش

miš

گاومیش

vol

سگ

pas

خانه سگ

kućica za psa

خانه باغ

vrtno crevo

آبپاش

kanta za polivanje

داس

kosa

قولبه کردن

plug

داس

srp

کج بیل

motika

چنگال باغبانی

viljuška za đubrivo

تبر

sekira

کراچی

tačke

تغار

korito

قوطی شیر

posuda za mleko

بوجی

vreća

دیوار مرزی از چوب یا سیم خار دار

ograda

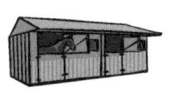

پایدار

štala

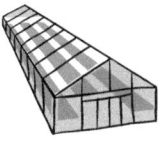

گلخانه

staklenik

خاک

zemlja

تخم

seme

کود

đubrivo

ماشین درو وخرمنکوبی

kombajn

درو کردن

žeti

درو

žetva

کچالو شرین

jams začin

گندم

pšenica

سویا

soja

کچالو

krumpir

جواری

kukuruz

کلزا

uljana repica

درخت میوه

voćka

مانیوک

gomolj manioke

غلات و حبوبات

žitarice

# خانه

# kuća

دودکش
dimnjak
پشت بام
krov
آب رو
žleb
کلکین
prozor
گراج
garaža
زنگ دروازه
zvono
دروازه
vrata
سطل زباله
korpa za otpad
صندوق نامه
poštansko sanduče
باغچه
vrt

اطاق نشیمن

dnevna soba

حمام / دستشویی

kupaonica

آشپزخانه

kuhinja

اطاق خواب

spavaća soba

اطاق اطفال

dečija soba

اطاق پذیرایی

trpezarija

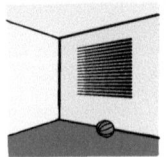

كف زمين

pod

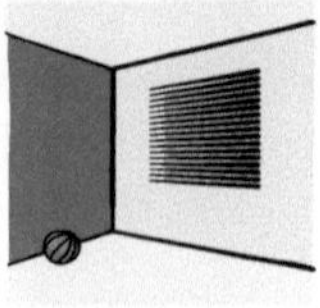

ديوار

zid

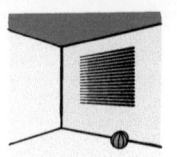

سقف

strop

گودام زير زمينى

podrum

سونا

sauna

بالكن

balkon

برنده / بالکن

terasa

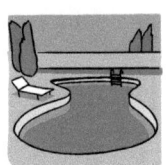

حوض

bazen

ماشين درو کردن چمن

kosilica za travu

ورق کاغذ

posteljina za krevet

روجايى

deka za krevet

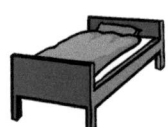

تختخواب

krevet

جارو

metla

سطل

kanta

سويچ

prekidač

# اطاق نشیمن
# dnevna soba

کاغذ دیواری
tapeta
تصویر
slika
چراغ
svetiljka
قفسه
regal
کابینت
ormar
تلویزیون
televizija
بخاری دیواری
kamin
گل
cvijet
بالشت
jastuk
کوچ
kauč
گلدان
vaza
ریموت کنترول
daljinski upravljač

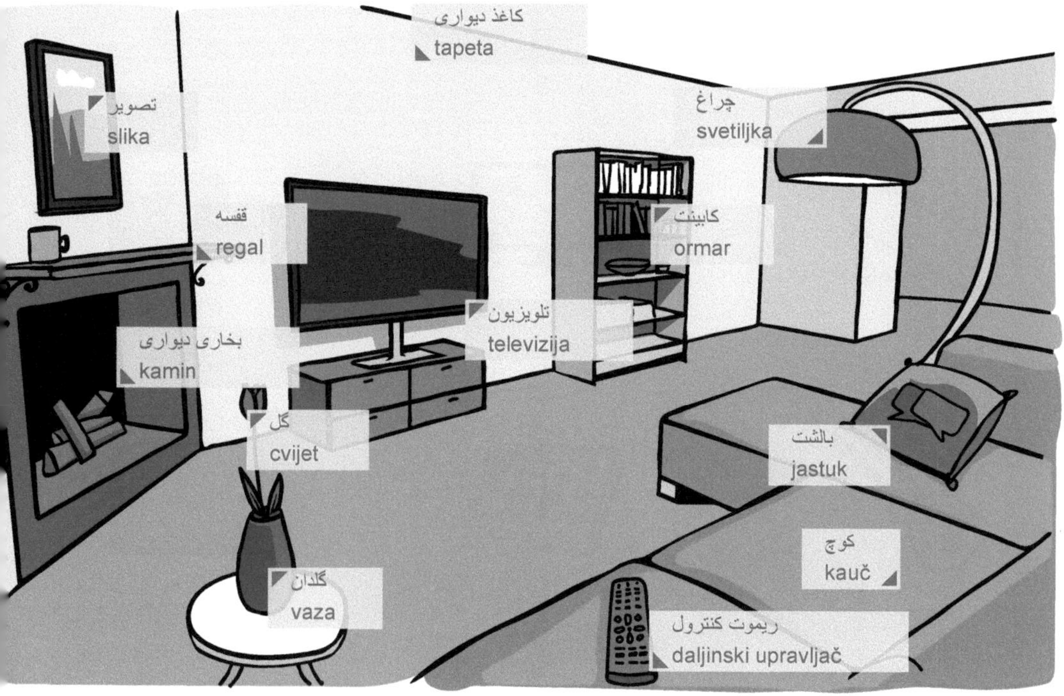

فرش

tepih

پرده

zavesa

میز

sto

چوکی

stolica

چوکی گهواره یی

stolica za njihanje

چوکی دسته دار

fotelja

كتاب

knjiga

كمپل

deka

دكوراسيون

dekoracija

هيزم

drvo za ogrev

فلم

film

سيستم های فای

hi-fi uređaj

كليد

ključ

روزنامه

novine

تابلوی نقاشی

slika na platnu

پوستر

poster

راديو

radio

دفتر

blok za pisanje

جاروبرقی

usisivač

کاكتوس

kaktus

شمع

sveća

# آشپزخانه
# kuhinja

یخچال
frižider
منقل مایکروویو
mikrotalasna rerna
kuhinjska vaga
تستر
toaster
مواد شوینده
sredstvo za čišćenje
داش
rerna
یخ دانی
pretinac za zamrzavanje
سطل زباله
korpa za otpad
ظرفشویی
mašina za pranje suđa

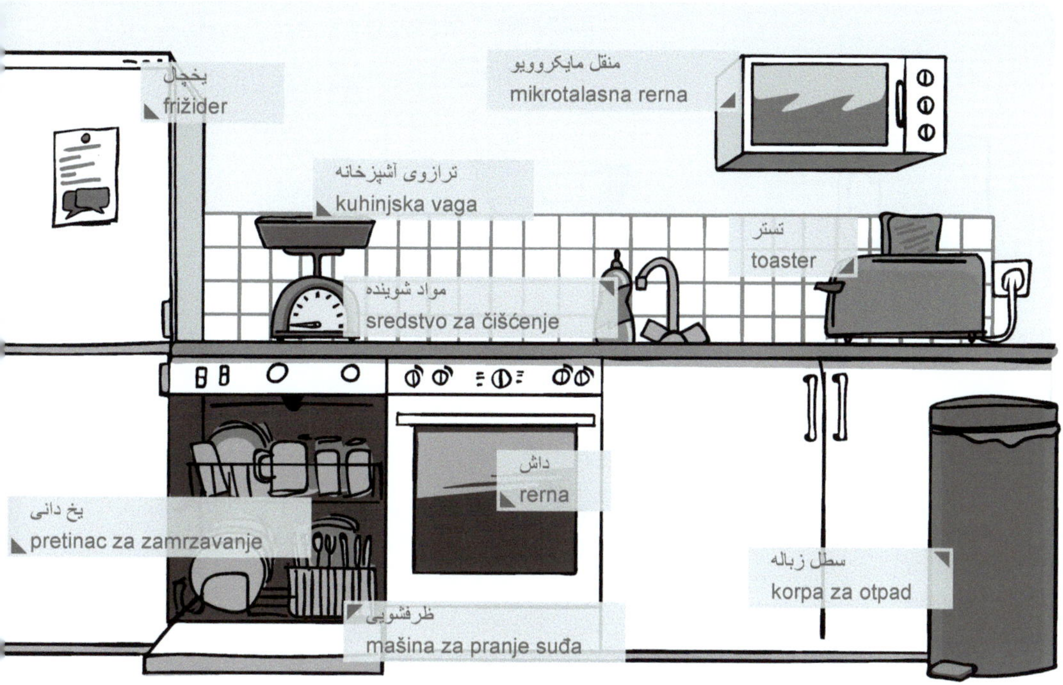

منقل

šporet

دیگ

lonac

دیگ چدنی

gvozdeni lonac

کراهی

wok / kadai

تابه

tava

چای جوش

kuvalo za vodu

بخارپز

kuvalo na paru

پطنوس طباخی

lim za pečenje

ظروف

posuđe

پیاله کلان

čaša

کاسه

posuda

چاپستیک ها

štapići za jelo

ملاقه

kutlača

کفگیر

lopatica

مخلوط کننده

penjača

چلو صاف

sito za kuvanje

غلبیل

sito

رنده

ribež

هاونگ

mužar

بار بیکیو

roštilj

آتش باز

ognjište

تخته برش

daska

آشگز

oklagija

سر بازکن

vadičep

قوطی

konzerva

سر باز کن

otvarač konzervi

دستگیره تکه ای

krpa za lonac

ظرف شویی

sudoper

برس ظرف شویی

četka

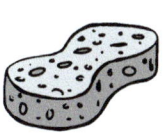

اسفنج

sunđer

مخلوط کن

mikser

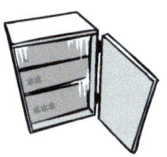

فریزر

zamrzivač

شیر چوشک اطفال

flašica za bebe

نل آب

slavina za vodu

# حمام / دستشویی

# kupaonica

گرم کننده
grejanje
جان پاک
peškir
شاور
tuš
پرده حمام
zavesa za tuš
حمام کف
penušava kupka
تب حمام
kada
گیلاس
čaša
ماشین لباسشویی
mašina za pranje veša
نل آب
slavina za vodu
کاشی
pločice
پات اطفال
tuta
ظرف شویی
sudoper

تشناب

..................

toalet

کمود فرشی

..................

čučavac

کمود

..................

bidet

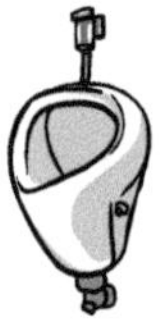

تشناب مرد ها

..................

pisoar

کاغذ تشناب

..................

toaletni papir

برس کمود

..................

četka za toalet

برس دندان

četkica za zube

کریم دندان

pasta za zube

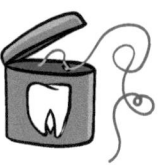

نخ دندان

konac za zube

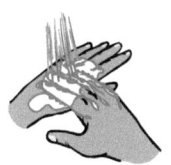

شستن

prati

شاور دستی

tuš ručica

شاور کمود

tuš za pranje intimnih delova

دستشویی

lavor

برس پشت

četka za pranje leđa

صابون

sapun

جل حمام

gel za tuširanje

شامپو

šampon

لیف

krpa za pranje

آب رو

odvod

کریم

krema

بوزدا

dezodorans

آینه

ogledalo

آینه دستی

kozmetičko ogledalo

ریش تراش

brijač

کف ریش تراشی

pena za brijanje

کلونیا

losion za posle brijanja

شانه موی

češalj

برس

četka

سشوار

fen za kosu

اسپری مو

sprej za kosu

آرایش

makeup

لب سرین

ruž za usne

رنگ ناخن

lak za nokte

پشم پنبه

vata

ناخن گیر

makaze za nokte

عطر

parfem

کیسه شستشو

kozmetička torbica

چوکی چار پایه

stolica

ترازوی وزن

vaga

جان پاک

ogrtač

دستکش پلاستیکی

rukavice za čišćenje

تامپون

tampon

کوتکس

uložak

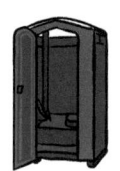

تشناب سیار

hemijski toalet

# اطاق اطفال

# dečija soba

ساعت زنگ دار
budilnik
گدی های نرم
plišana igračka
موتر سامان بازی
auto igračka
جرنگانه
zvečka
خانه گدی
kućica za lutke
هدیه
poklon

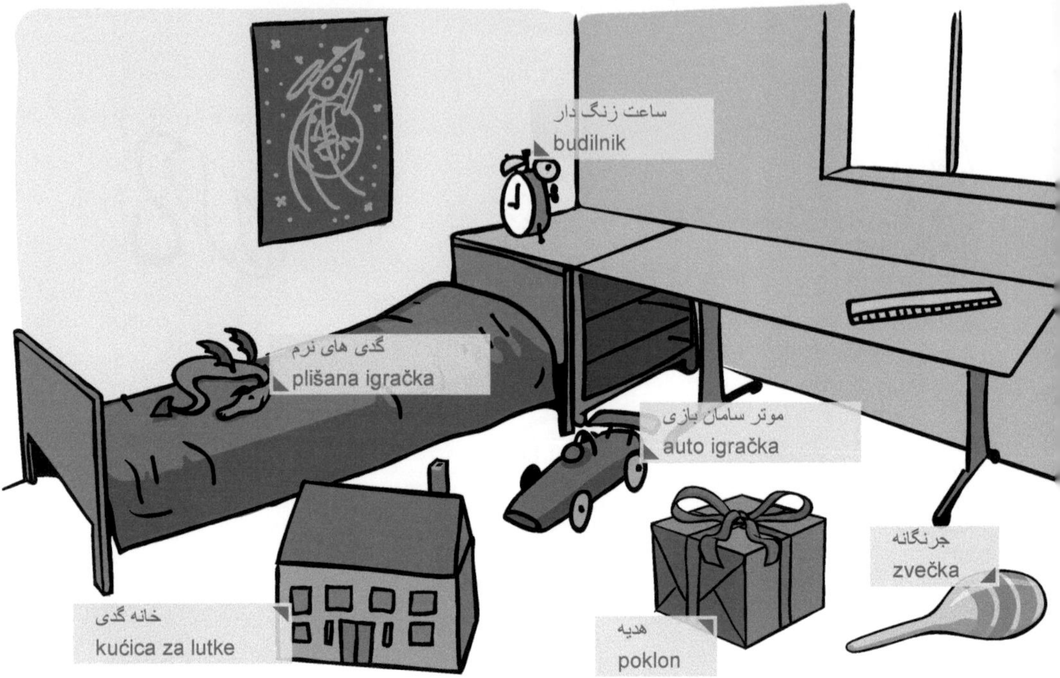

پوقانه

balon

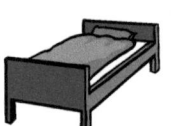

تختخواب

krevet

ریکشه اطفال

dječija kolica

قطعه بازی

igra s kartama

پازل

slagalica

خنده آور

strip

خشت های لگو

lego kockice

بلوک های سامان بازی

kockice za slaganje

پچه فلم

akcioni junak

لباس طفل

benkica za bebe

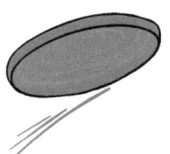

فریزبی

frizbi

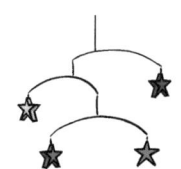

سامان بازی که روی تخت خواب اطفال
اویزان می شود

viseće igračke

بازی تخته یی

društvene igre

تاس

kocka

ریل اسباب بازی

minijaturna željeznica

چوشک

duda

مهمانی

zabava

کتاب تصویری

slikovnica

توپ

lopta

گدیگک

lutka

بازی کردن

igrati

جعبه ریگ

..................

pješčanik

گاز

..................

ljuljačka

اسباب بازی

..................

igračka

کنسول بازی کمپیوتری

..................

konzola za igre

سه چرخه

..................

tricikl

خرس سامان بازی

..................

tedi

الماری لباس

..................

ormar

## لباس

## odeća

جوراب

..................

kratke čarape

جوراب دراز

..................

čarape

برجس

..................

hulahopke

چادر سر
šal

کمربند
kaiš

چتری
kišobran

بلوز
majica

بوت
čizme

چپلک
papuče

کرمچ
patike

چپلی
sandale

بوت
cipele

موزه پلاستیکی
gumene čizme

نیکر
gaćice

واسکت زنانه
grudnjak

واسکت
potkošulja

بدن

bodi

برزو

pantalone

پتلون کاوبای

farmerke

دامن

suknja

بلوز

bluza

پیراهن

košulja

یالان

džemper

جاکت کلاه دار

džemper s kapuljačom

جاکت

sako

چمپر

jakna

کورتی

kaput

کوت بارانی

kabanica

لباس مخصوص مراسم

kostim

پیراهن

haljina

لباس عروسی

venčanica

دریشی

odelo

لباس خواب

spavaćica

پاجامه

pidžama

ساری

sari

چادر سر

marama za glavu

لنگی

turban

چادری

burka

کفتان

kaftan

چادر

abaja

لباس آببازی

kupaći kostim

نیکر پاچه دار

kupaće gaćice

پتلون نصفه

kratke pantalone

لباس ورزشی

odeća za trening

پیش بند

kecelja

دستکش

rukavice

دکمه

dugme

عینک

naočare

دستبند

narukvica

گردن بند

ogrlica

انگشتر

prsten

گوشواره

naušnica

کلاه پیک دار

kapa

کوت بند

vešalica

کلاه

šešir

نیکتایی

kravata

زیپ

patent zatvarač

کلاه مصون

kaciga

بند تنبان

naramenice

یونیفورم مکتب

školska uniforma

یونیفورم

uniforma

پیش بند

podbradak

چوشک

duda

پمپر

pelena

# دفتر

# kancelarija

سرور
server
الماری اسناد
ormar za spise
پرینتر
štampač
کاغذ
papir
مانیتور
monitor
ماوس
miš
میز کار
pisaći stol
فولدر
mapa
کیبورد
tastatura
سبد کاغذ باطله
košara za papir
کمپیوتر
kompjuter
چوکی
stolica

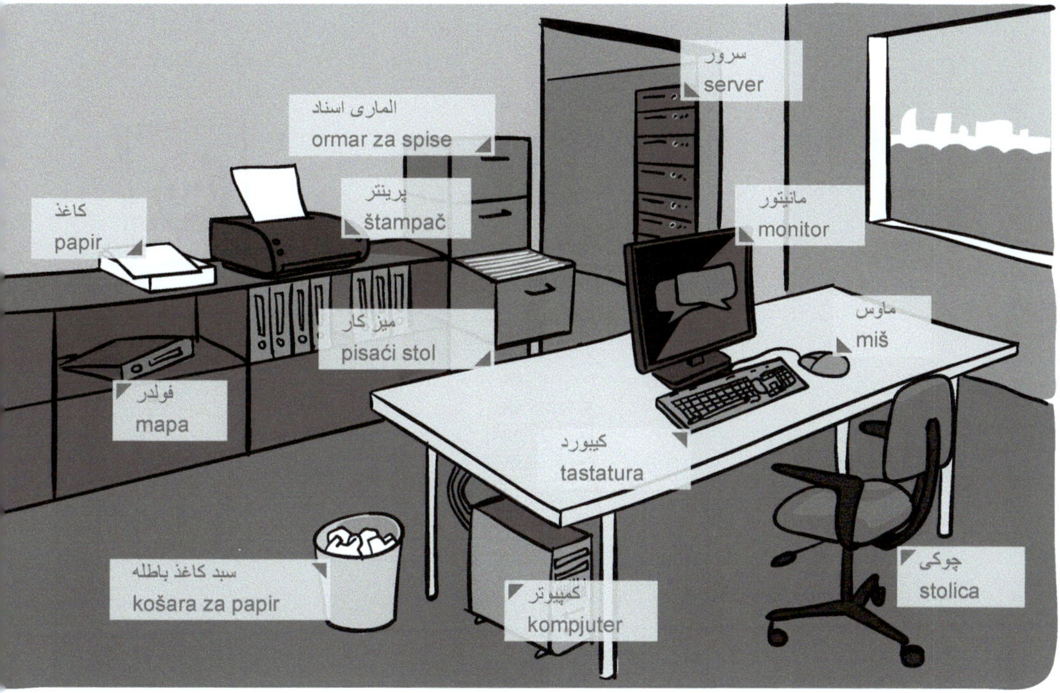

گیلاس قهوه

šalica za kavu

ماشین حساب

kalkulator

اینترنت

internet

لپ تاپ

laptop

نامه

pismo

پیام

poruka

موبایل

mobilni telefon

شبکه

mreža

ماشین فوتوکاپی

uređaj za kopiranje

نرم افزار

softver

تلیفون

telefon

پلک

utičnica

دستگاه فکس

faks

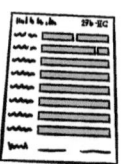

فورمه

formular

سند

dokument

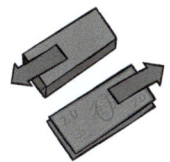

خرید کردن

kupovati

پرداختن

platiti

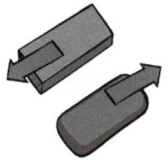

تجارت کردن

trgovati

پول

novac

دالر

dolar

یورو

evro

ین

jen

روبل

rublja

فرانک سوئیس

švajcarski franak

یوان رنمینبی

renmindbi juan

روپیه

rupija

خودپرداز

automat za novac

دفتر صرافی

menjačnica

طلا

zlato

نقره

srebro

نفت

nafta

انرژی

energija

قیمت

cena

قرارداد

ugovor

مالیات

porez

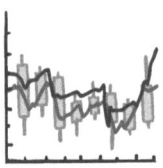

سهام

deonica

کار کردن

raditi

کارمند

službenik

استخدام کننده

poslodavac

فابریکه

fabrika

مغازه

prodavnica

# شغل ها
# zanimanja

افسر پولیس
policajac
آتش نشان
vatrogasac
آشپز
kuvar
داکتر
lekar
پیلوت
pilot

باغبان

vrtlar

نجار

stolar

خیاط

krojačica

قاضی

sudija

کیمیا دان

hemičar

بازیگر

glumac

راننده بس

vozač autobusa

راننده تکسی

vozač taksija

ماهیگیر

ribar

خدمه

čistačica

سقف ساز

krovopokrivač

پیشخدمت

konobar

شکارچی

lovac

نقاش

slikar

نانوا

pekar

برقی

električar

بنا

građevinski radnik

انجنیر

inženjer

قصاب

mesar

نلدوان

limar

پستچی

poštar

سرباز

vojnik

معمار

arhitekta

صندوقدار

blagajnik

گل فروش

cvećar

آرایشگر

frizer

مامور تکت ریل

kondukter

میخانیک

mehaničar

کاپیتان

kapetan

داکتر دندان

zubar

دانشمند

naučnik

خاخام/ عالم یهودی

rabi

امام

imam

راهب

monah

ملا

svećenik

# ابزار
# alati

چکش
čekić
پلاس
klešta
پیچ کش
odvijač
رینچ
ključ za zavrtnje
چراغ دستی
džepna lampa

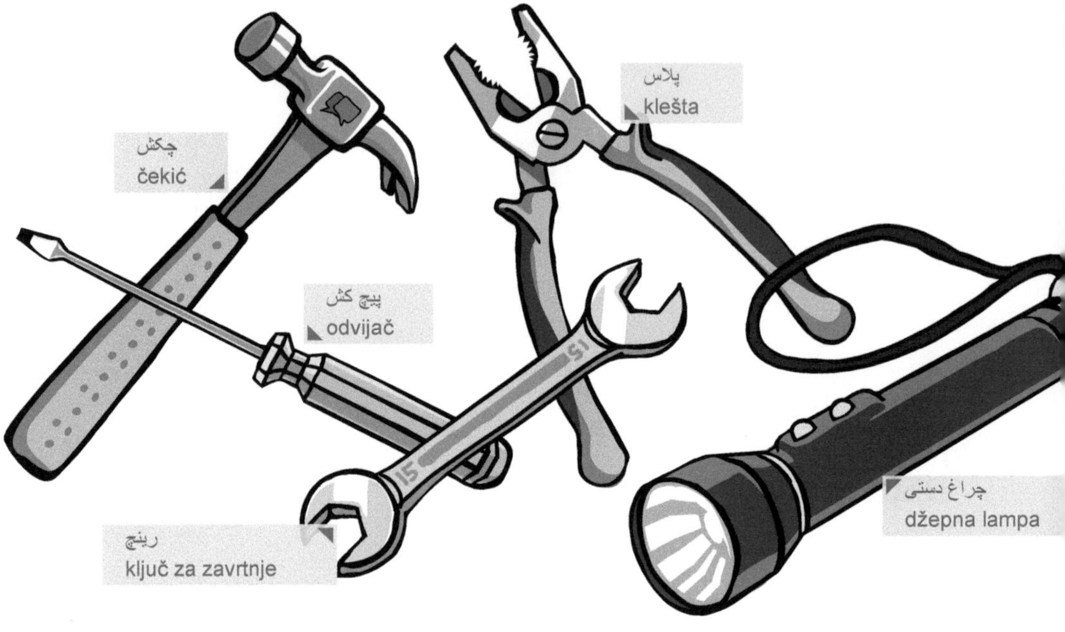

ماشین حفاری
bager

جعبه ابزار
kutija za alat

زینه
merdevine

اره
pila

میخ
ekser

برمه
bušilica

ترمیم کردن

popraviti

بیل

lopata

لعنتی!

do đavola!

خاکروبه

lopatica

سطل رنگ

lonac za boju

پیچ

zavrtanji

## آلات موسیقی

## muzički instrument

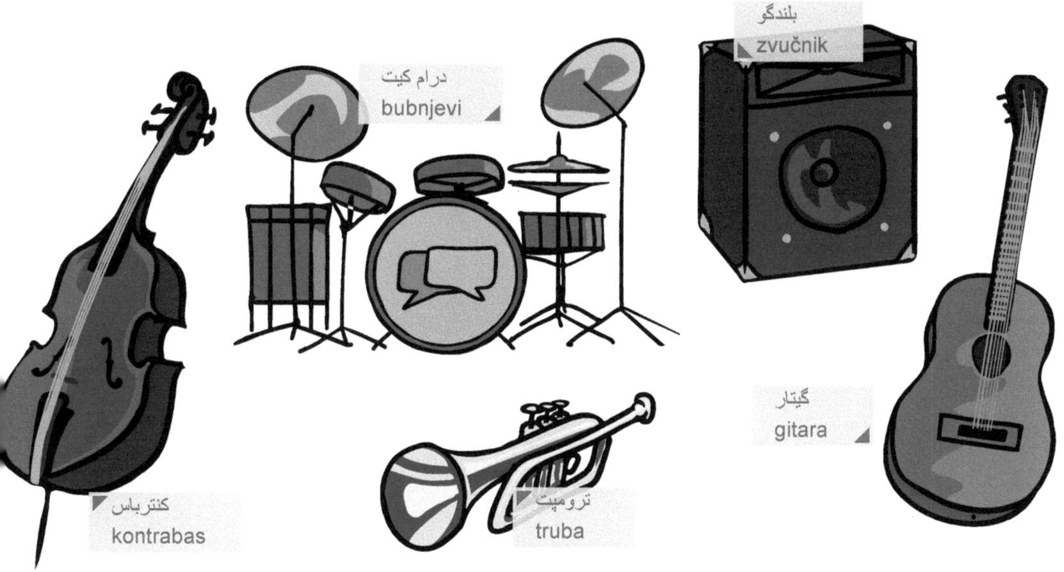

درام کیت
bubnjevi

بلندگو
zvučnik

گیتار
gitara

کنترباس
kontrabas

ترومپت
truba

پیانو

klavir

وایلن

violina

گیتار بیس

bas

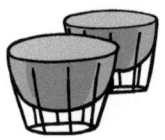

دهل

timpani

دول

udaraljke za bubnjeve

پیانوی برقی

tipke klavira

ساکسوفون

saksofon

توله

flauta

میکروفون

mikrofon

# باغ وحش
# zoološki vrt

ulaz
ببر
tigar
قفس
kavez
گوره خر
zebra
غذای حیوانات
hrana za životinje
پاندا
panda

حیوانات

životinje

فیل

slon

کانگورو

kengur

غژ گاو

nosorog

گوریلا

gorila

خرس

medved

شتر
kamila

شترمرغ
noj

شیر
lav

میمون
majmun

فلامینگو
flamingo

طوطی
papagaj

خرس قطبی
polarni medved

پنگوئن
pingvin

کوسه
ajkula

طاووس
paun

مار
zmija

تمسا
krokodil

نگهبان باغ وحش
čuvar u zoološkom vrtu

سگ آبی
tuljan

پلنگ خالدار امریکایی
jaguar

اسب کوچک
.................
poni

پلنگ
.................
leopard

اسب آبی
.................
nilski konj

زرافه
.................
žirafa

عقاب
.................
orao

خوک وحشی
.................
divlja svinja

ماهی
.................
riba

سنگ پشت
.................
kornjača

شیر دریایی
.................
morž

روباه
.................
lisica

غزال
.................
gazela

# ورزش ها

# sport

فوتبال امریکایی
američki nogomet
بایسکل سواری
biciklizam
تنیس
tenis
باسکتبال
košarka
آب بازی
plivanje
بوکس
boks
هاکی روی یخ
hokej na ledu

فوتبال
fudbal

بدمینتون
badminton

ورزشکاری
atletika

هندبال
rukomet

اسکی
skijanje

پولو
polo

# فعالیت ها

# aktivnosti

خیز زدن
skočiti
بغل کردن
zagrliti
خندیدن
smejati se
راه رفتن
ići
خواندن
pevati
خواب دیدن
sanjati
دعا کردن
moliti se
بوسیدن
poljubiti

نوشتن

pisati

کشیدن

crtati

نشان دادن

pokazati

تیله کردن

gurati

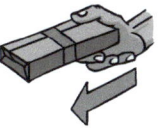

دادن

dati

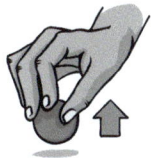

گرفتن

uzeti

داشتن

imati

انجام دادن

činiti

بودن

biti

ایستادن

stojati

دویدن

trčati

کش کردن

povlačiti

پرتاب کردن

baciti

افتادن

padati

دروغ گفتن

ležati

صبر کردن

čekati

حمل کردن

nositi

نشستن

sediti

لباس پوشیدن

oblačiti

خوابیدن

spavati

بیدار شدن

probuditi se

نگاه کردن

gledati

گریه کردن

plakati

ضربه زدن

milovati

شانه کردن

češljati

صحبت کردن

govoriti

فهمیدن

razumeti

پرسیدن

pitati

گوش دادن

slušati

نوشیدن

piti

خوردن

jesti

مرتب کردن

pospremiti

عشق ورزیدن

voleti

پختن

kuhati

راننده گی کردن

voziti

پرواز کردن

leteti

روی آب حرکت کردن
ploviti

حساب کردن
računati

خواندن
čitati

یاد گرفتن
učiti

کار کردن
raditi

ازدواج کردن
venčati se

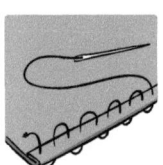

دوختن
šiti

برس کردن دندان ها
prati zube

کشتن
ubiti

سگریت کشیدن
pušiti

فرستادن
poslati

مادرکلان
baka

پدرکلان
deda

پدر
otac

مادر
majka

نوزاد
beba

دختر
kćerka

پسر
sin

مهمان

gost

عمه / خاله

tetka

ماما/کاکا

ujak, stric

برادر

brat

خواهر

sestra

# بدن

# telo

پیشانی
čelo
چشم
oko
شانه
rame
انگشت
prst
روی
lice
زنخ
brada
دست
ruka
سینه
grudi
پا
noga
بازو
ruka

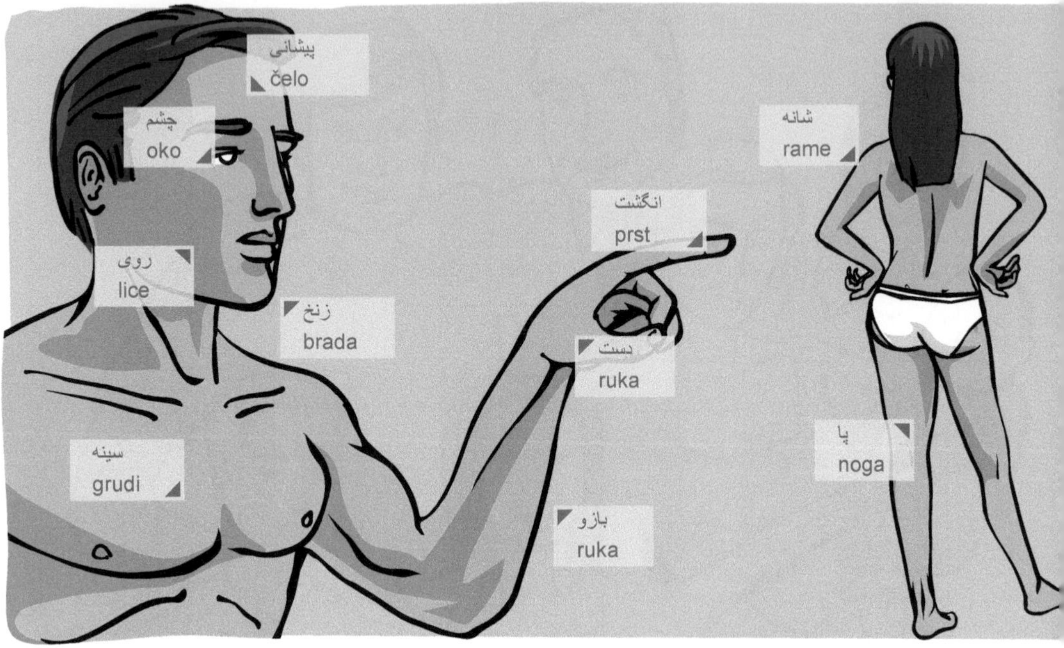

نوزاد

beba

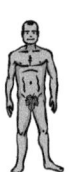

مرد

muškarac

زن

žena

دختر

devojčica

پسر

dečak

سر

glava

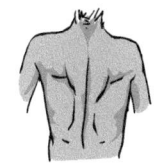

کمر

leđa

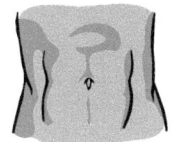

شکم

stomak

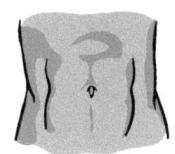

ناف

pupak

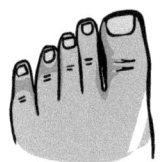

انگشت پا

nožni prst

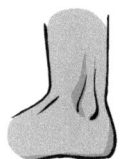

کوری پای

peta

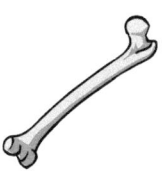

استخوان

kost

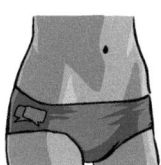

کمر

kukovi

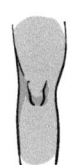

زانو

koleno

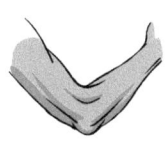

آرنج

lakat

بینی

nos

سرین

zadnjica

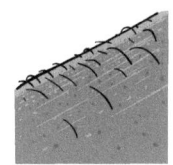

پوست

koža

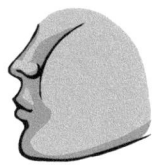

کومه

obraz

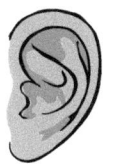

گوش

uvo

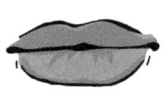

لب

usna

دهان
.........
usta

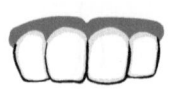

دندان
.........
zub

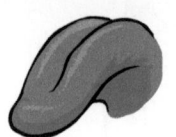

زبان
.........
jezik

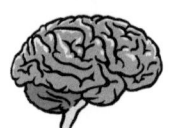

مغز
.........
mozak

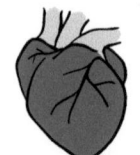

قلب
.........
srce

عضله
.........
mišić

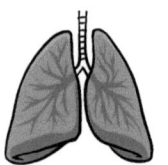

شش
.........
pluća

جگر
.........
jetra

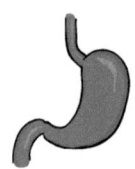

معده
.........
želudac

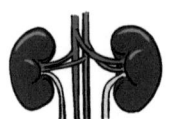

گرده
.........
bubrezi

رابطه جنسی
.........
polni odnos

كاندوم
.........
kondom

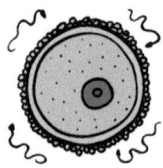

تخمه
.........
jajna ćelija

آب منی
.........
sperma

حاملگی
.........
trudnoća

بدن - **telo**

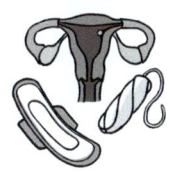

قاعده گی

menstruacija

مجرای تناسلی زن

vagina

آلت تناسلی مرد

penis

ابرو

obrva

مو

kosa

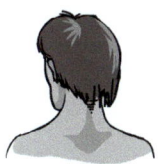

گردن

vrat

# bolnica

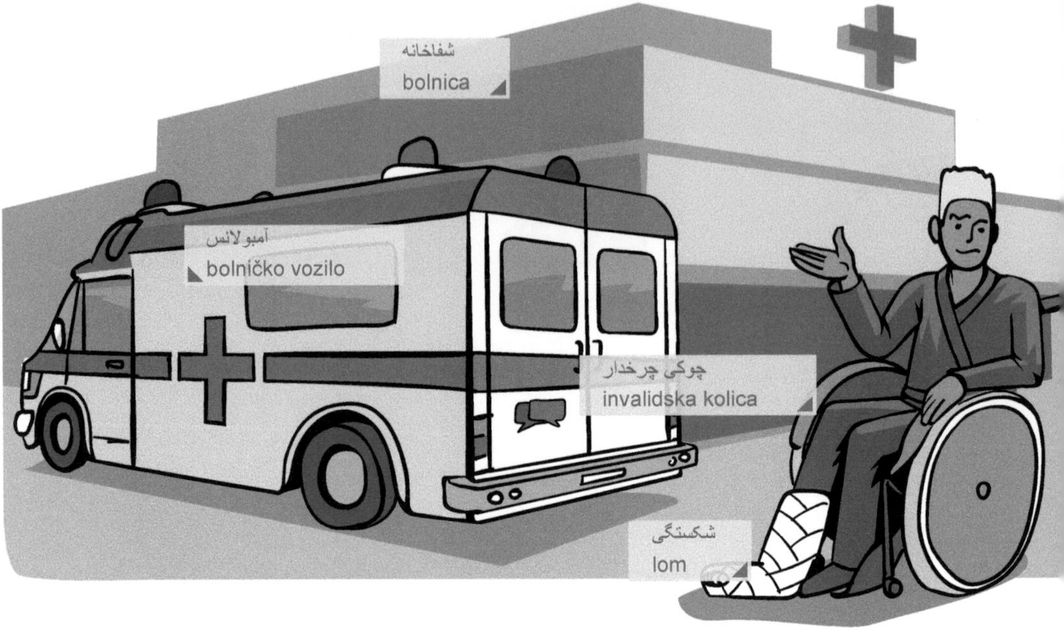

شفاخانه
bolnica
آمبولانس
bolničko vozilo
چوکی چرخدار
invalidska kolica
شکستگی
lom

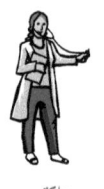

داکتر

lekar

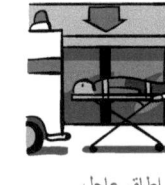

اطاق عاجل

hitna medicinska služba

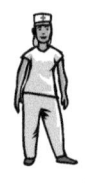

نرس

medicinska sestra

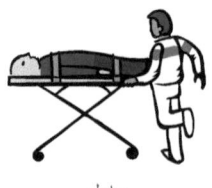

عاجل

hitni slučaj

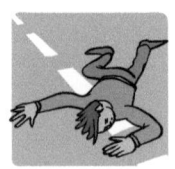

بیهوش

nesvest

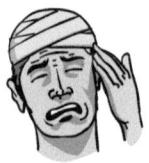

درد

bol

جراحت

povreda

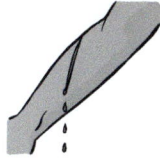

خونریزی

krvarenje

حمله قلبى

srčani udar

سکته مغزى

udar

حساسیت

alergija

سرفه

kašalj

تب

groznica

انفلوانزا

gripa

اسهال

proliv

سردرد

glavobolja

سرطان

rak

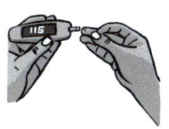

شكر

dijabetes

جراح

hirurg

چاقوى جراحى

skalpel

عملیات

operacija

سی تی
.................
ct

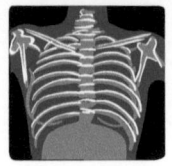

ایکسری
.................
rentgen

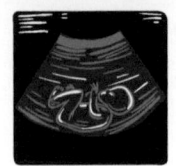

سونوگرافی
.................
ultrazvuk

ماسک روی
.................
maska

مریضی
.................
bolest

اطاق انتظار
.................
čekaona

عصا
.................
štaka

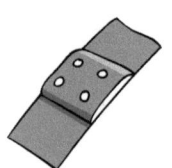

گچ
.................
flaster

پانسمان
.................
zavoj

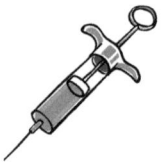

تزریق
.................
injekcija

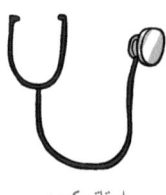

استاتسکوپ
.................
stetoskop

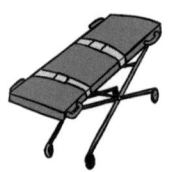

تذکره
.................
nosila

ترمامیتر کلینیکی
.................
termometar

تولد
.................
rođenje

اضافه وزن
.................
prekomerna težina

سمعک

slušni aparat

ضدعفونی کننده

sredstvo za dezinfekciju

عفونت

infekcija

وایروس

virus

اچ آی وی / ایدز

HIV / AIDS

ادویه

medicina

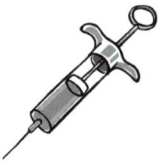

واکسیناسیون

vakcinacija

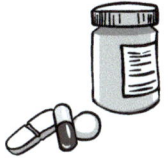

تابلیت ها

tablete

تابلیت

pilula

تماس اضطراری

hitni poziv

مانیتور فشار خون

uređaj za merenje pritiska

بیمار / سالم

bolesno / zdravo

# عاجل

# hitni slučaj

کمک!

pomoć!

زنگ هشدار

alarm

تجاوز

nasrtaj

حمله

napad

خطر

opasnost

خروج اضطراری

izlaz u slučaju nužde

آتش!

požar!

آله ضد حریق

protivpožarni aparat

حادثه

nezgoda

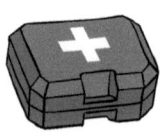

بکسه کمک های اولیه

kutija prve pomoći

پیام اضطراری

sos

پولیس

policija

اروپا
................
Evropa

امریکای شمالی
................
Severna Amerika

امریکای جنوبی
................
Južna Amerika

آفریقا
................
Afrika

آسیا
................
Azija

استرالیا
................
Australija

اقیانوس اطلس
................
Atlantik

اقیانوس آرام
................
Pacifik

اقیانوس هند
................
Indijski okean

اقیانوس منجمد جنوبی
................
Antarktički okean

اقیانوس منجمد شمالی
................
Arktički ocean

قطب شمال
................
Severni pol

قطب جنوب

Južni pol

قاره قطب جنوب

Antarktik

زمین

zemlja

خشکی

zemlja

دریا

more

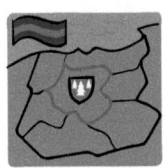

جزیره

otok

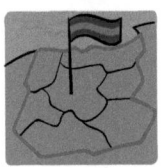

ملت

nacija

کشور

država

# ساعت

# sat

روی ساعت

brojčanik sata

عقربه ساعت شمار

satna kazaljka

عقربه دقیقه شمار

minutna kazaljka

عقربه ثانیه شمار

sekundna kazaljka

ساعت چند است؟

Koliko je sati?

روز

dan

زمان

vreme

اکنون

sada

ساعت دستی دیجیتل

digitalni sat

دقیقه

minuta

ساعت

čas

# هفته

# sedmica

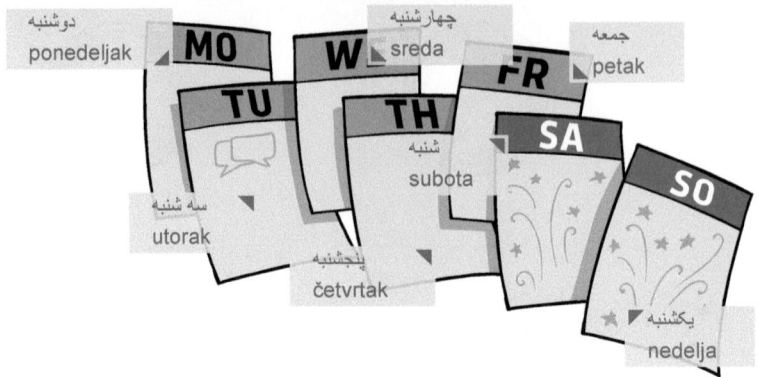

دوشنبه
ponedeljak
سه شنبه
utorak
چهارشنبه
sreda
پنجشنبه
četvrtak
جمعه
petak
شنبه
subota
یکشنبه
nedelja

دیروز

juče

امروز

danas

فردا

sutra

صبح

jutro

ظهر

podne

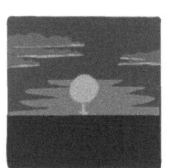

غروب

veče

روزهای کاری

radni dani

آخر هفته

vikend

# سال

# godina

باران
kiša
رنگین کمان
duga
شمال
vetar
برف
sneg
بهار
proleće
خزان
jesen
تابستان
leto
زمستان
zima

پیش بینی آب و هوا

meteorološka prognoza

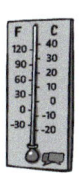

C

ترمامیتر

termometar

آفتاب

sunčana svetlost

ابر

oblak

غبار

magla

رطوبت

vlažnost vazduha

رعد و برق
...............
munja

الماسک
...............
grmljavina

طوفان
...............
oluja

ژاله
...............
tuča

موسم بارندگی
...............
monsun

سیل
...............
poplava

یخ
...............
led

جنوری
...............
januar

فبروری
...............
februar

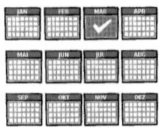

مارچ
...............
mart

اپریل
...............
april

می
...............
maj

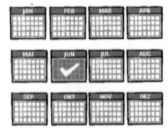

جون
...............
juni

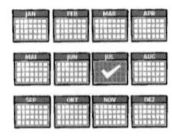

جولای
...............
juli

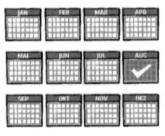

اگست
...............
avgust

سپتمبر
.....................
septembar

اکتوبر
.....................
oktobar

نومبر
.....................
novembar

دسمبر
.....................
decembar

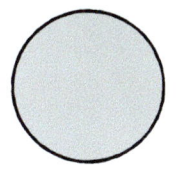

# شکل ها

# oblici

دایره
.....................
krug

مربع
.....................
kvadrat

مستطیل
.....................
pravougao

مثلث
.....................
trougao

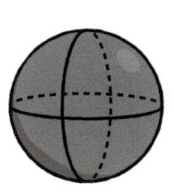

کره
.....................
kugla

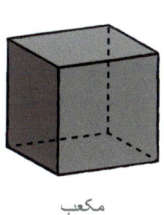

مکعب
.....................
kocka

# رنگ ها

# boje

سفید

bela

زرد

žuta

نارنجی

narandžasta

گلابی

ružičasta

سرخ

crvena

بنفش

ljubičasta

آبی

plava

سبز

zelena

نصواری/قهوه یی

smeđa

خاکستری

siva

سیاه

crna

# متضاد ها

# suprotnosti

زیاد / کم

mnogo / malo

عصبانی / آرام

ljutito / mirno

مقبول / بدرنگ

lepo / ružno

آغاز / پایان

početak / kraj

بزرگ / کوچک

veliko / maleno

روشن / تیره

svetlo / tamno

برادر / خواهر

brat / sestra

پاک / کثیف

čisto / prljavo

کامل / ناقص

potpuno / nepotpuno

روز / شب

dan / noć

مرده / زنده

mrtvo / živo

عریض / باریک

široko / usko

خوراکی / غیر خوراکی

jestivo / nejestivo

عصبانی / دوستانه

zlo / dobro

هیجان زده / کسل

uzbuđeno / dosadno

چاق / لاغر

debelo / mršavo

اول / آخر

na početku / na kraju

دوست / دشمن

prijatelj / neprijatelj

پر / خالی

puno / prazno

سخت / نرم

tvrdo / mekano

سنگین / سبک

teško / lagano

گرسنگی / تشنگی

glad / žeđ

بیمار / سالم

bolesno / zdravo

غیر قانونی / قانونی

ilegalno / legalno

باهوش / احمق

pametno / glupo

چپ / راست

levo / desno

نزدیک / دور

blizu / daleko


86

متضاد ها - suprotnosti

نو / کهنه

novo / polovno

هیچ چیز / چیزی

ništa / nešto

پیر / جوان

staro / mlado

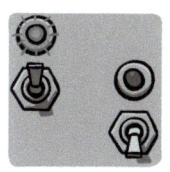

روشن / خاموش

uključeno / isključeno

باز / بسته

otvoreno / zatvoreno

بی صدا / پر سر و صدا

tiho / glasno

ثروتمند / فقیر

bogato / siromašno

صحیح / غلط

tačno / pogrešno

ناهموار / هموار

hrapavo / glatko

غمگین / خوشحال

tužno / sretno

کوتاه / بلند

kratko / dugo

آهسته / سریع

polako / brzo

تر / خشک

mokro / suho

گرم / سرد

toplo / hladno

جنگ / صلح

rat / mir

# اعداد

## brojevi

0

صفر

nula

1

یک

jedan

2

دو

dva

3

سه

tri

4

چهار

četiri

5

پنج

pet

6

شش

šest

7

هفت

sedam

8

هشت

osam

9

نه

devet

10

ده

deset

11

یازده

jedanaest

## 12
دوازده
................
dvanaest

## 13
سیزده
................
trinaest

## 14
چهارده
................
četrnaest

## 15
پانزده
................
petnaest

## 16
شانزده
................
šestnaest

## 17
هفده
................
sedamnaest

## 18
هجده
................
osamnaest

## 19
نوزده
................
devetnaest

## 20
بیست
................
dvadeset

## 100
صد
................
stotinu

## 1.000
هزار
................
hiljadu

## 1.000.000
میلیون
................
milion

# زبان ها

# jezici

انگلیسی

engleski

انگلیسی امریکایی

američki engleski

چینی ماندارین

mandarinski kineski

هندی

hindski

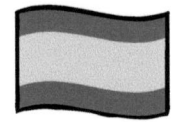

اسپانیایی

španski

فرانسوی

francuski

عربی

arapski

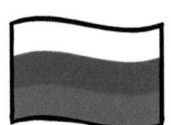

روسی

ruski

پرتغالی

portugalski

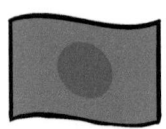

بنگالی

bengalski

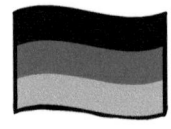

آلمانی

nemački

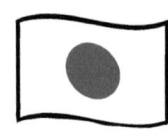

جاپانی

japanski

# کی/چی/چطور

# ko / šta / kako

من

ja

شما

ti

او / او / آن

on / ona / ono

ما

mi

شما

vi

آن ها

oni

کی؟

Ko?

چی؟

Šta?

چطور؟

Kako?

کجا؟

Gde?

چه وقت؟

Kada?

HELLO, I AM

اسم

ime

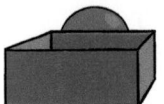

عقب

iza

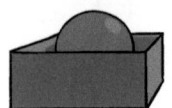

در

u

پیش روی

ispred

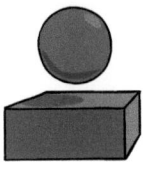

بالا

preko

روی

na

زیر

ispod

پهلو

pored

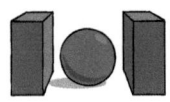

میان

između

محل

mesto